AF885185

TODO LO QUE ODIAS DE TU SIGNO

(Y TODAVÍA NO SABES)

PISCIS

TODO LO QUE ODIAS DE TU SIGNO (Y TODAVÍA NO SABES)

PISCIS

Una guía para sobrevivir a ti mismo

temas de hoy

177

Edición a cargo de Charas Vega
Corrección de estilo a cargo de Alba Armario

Desarrollo editorial: Anónima Content Studio
Redacción: Catalina Torres-Benjumea / María José Fermi
Cuidado editorial: Equipo Editorial Anónima Content Studio
Diseño: Anónima Content Studio / Lyda Sophia Naussán R.
Imágenes de interiores: © FreePik
Ilustración de la cubierta: Anónima Content Studio / Sheila Norma Alvarado Peña

Primera edición en español:

Bajo el sello editorial DIANA M.R.

temas de hoy, un sello editorial de Editorial Planeta, S. A.
Avda. Diagonal, 662-664, 08034 Barcelona (España)
www.planetadelibros.com

Primera edición en esta presentación: septiembre de 2024
Segunda impresión: noviembre de 2024
ISBN: 978-84-19812-81-0
Depósito legal: B. 12.102-2024
Composición: Realización Planeta
Impresión y encuadernación: Huertas Industrias Gráficas, S. A.
Printed in Spain - Impreso en España

«No tenemos que avergonzarnos
de coquetear con el zodiaco.
Vale la pena coquetear
con el zodiaco.»
D. H. Lawrence

ÍNDICE

PRÓLOGO 9

INTRODUCCIÓN 12

LOS 12 SIGNOS DEL ZODIACO 16

PISCIS 24

PERSONALIDAD 34

AMOR 60

DINERO 72

SALUD 80

RITUALES EFECTIVOS 88

PRUEBA 96

GLOSARIO 108

PRÓLOGO

Querida Piscis, ¿qué te puedo contar que no sepas ya, con tu enorme intuición y tus dotes mágicas, casi de bruja? Emocionales, sensibles, intuitivos. Piscis es el signo más vinculado con la magia. Son soñadores, pasan desapercibidos, son un poco raros... Aunque no lo parezca, es de mis signos favoritos.

Mutable y de agua, es el último signo del Zodiaco y lo representan los pies. Pero ¿qué significa esto? Pues que tienen el conocimiento de todos los signos anteriores. Son los abuelitos encarando sus últimos años: han recuperado la inocencia, son niños grandes que se quejan por todo y se vuelven a emocionar por lo que en otras etapas de la vida les habría parecido insignificante. ¿Puede ser que tengan un poco idealizada su infancia? Puede ser. Los pies son también su zona erógena y una metáfora del último tramo de camino que tienen que andar para poder despedirse de la vida.

Son resilientes a los cambios, si bien, eso sí, van más leeentos que otros signos en sus procesos. ¡Son unas tortuguitas! El elemento agua está relacionado con la empatía, una característica clave de los peces, y con su enorme sensibilidad y facilidad para sentir el dolor ajeno.

Son gente discreta, callada, no llaman la atención ni pretenden hacerlo. Es peña que por la ropa no va a destacar, son *true normcore*. Su empatía los hace cambiantes en función de con quién se rodeen y esto les da la fama de falsos, pero es todo una máscara.

Son autodestructivos (¿Hola, Kurt Cobain?), pero muy creativos y soñadores; no viven en el mundo real, sino en su movida interna, y suelen demostrar una gran capacidad de abstracción. Su mayor defecto es que, como siempre piensan que son los buenos y están en las nubes, a menudo no se dan cuenta de las consecuencias de sus acciones, no saben afrontar los conflictos, se repliegan sobre ellos mismos como una cochinilla y rehúyen las responsabilidades.

Charas Vega (@charcastrology)

INTRODUCCIÓN

Todos hemos escuchado hablar de los horóscopos. Están en nuestra vida diaria, casi casi en nuestro ADN: que tu amiga comenzó a salir con un Piscis, que tu jefe resultó ser Leo o que por alguna razón eres muy organizada, y casualmente eres Virgo. Pero hay más que eso. La astrología influye en ti y tus relaciones con el universo en general.

En este manual para la vida te invitaremos a reconocerte en aquellas cosas que odias de tu signo (y todavía no sabes). Creemos que en la oposición están también las fortalezas; en reconocer lo que somos y lo que no. Hacer tuyo todo esto te hará mejor. ¿No es así, Escorpio? ¿Te suena, Acuario? Así que hemos recopilado todo aquello que no quieres reconocer y te lo hemos dejado bien clarito para que no te quepan dudas y puedas interactuar mejor con los demás y, por supuesto, contigo mismo.

Unas cuantas reglas de este universo

Te pedimos que dejes la lógica afuera —va para los Virgo—, y que después de leer esta guía analices tu vida e intercambies ideas y opiniones —sigue tu propio ejemplo, Géminis—. Lo que deseamos es que no te inventes historias en la cabeza; si eres Cáncer, ese mensaje es para ti, claramente. ¡Haz caso a las estrellas y déjate llevar!

Pero antes de empezar te pedimos que no dejes que nuestro tono sarcástico o nuestra ironía afecte tu sensibilidad, hay que tener sentido del humor en esta vida; hay que aprender de Sagitario. Nosotros hemos gozado escribiendo este manual de vida desde el humor negro. Primero, porque esa es una estrategia para afrontar mejor el estrés o algunos eventos críticos de la vida. Segundo, porque ayuda a reconocer que te equivocaste —toma nota, Aries—. Y tercero, porque simplemente es más divertido hacerlo así.

El escritor estadounidense Mark Twain —típico Sagitario— lo definió de este modo: «El ser humano solo tiene un arma efectiva: el humor». A lo que el poeta francés Jean de Santeul —otro Sagitario— añade: *Castigat ridendo mores*, es decir: «Corrige las costumbres riendo». Así que nos lo hemos tomado en serio y en esta guía te mostraremos un camino que va por ese lado.

LOS 12 SIGNOS DEL ZODIACO

Este no es uno de esos libros de horóscopos que romantiza la astrología y solo ve lo bueno de los signos, ese que ya tanto conoces y que has leído desde siempre. Aquí te vamos a decir «lo rudo» de los signos, por así decirlo: la verdad salvaje de cada uno, sin anestesia. Mejor dicho, este es un ANTIHORÓSCOPO: una guía de todo lo que no son, y que en realidad los pinta de cuerpo entero. Agarraos que allá vamos.

ARIES

21 de marzo–19 de abril

Aries, tú no conoces el límite. Con tu cornamenta lo empujas siempre para demostrar que puedes hasta con lo inalcanzable, incluso si acercarte a las llamas significa que puedas quemarte de vez en cuando. Eres puro fuego, pasión e impulso. ¿Ser uno más de la manada? Imposible. ¡Jamás! Tú no naciste para seguir al resto, sino para liderar.

Elemento: Fuego - **Regente:** Marte

TAURO

20 de abril–20 de mayo

Tauro, tú no naciste para sufrir. Eres un gozador nato. No entiendes cómo hay gente que no disfruta todos los placeres de la vida a cada momento, en cada instante. Aunque puedas parecer muy hedonista, la realidad es que —como buen toro— tienes los pies sobre la tierra. Eres confiable y estable. Eso sí, lo testarudo nadie te lo quita.

Elemento: Tierra - **Regente:** Venus

GÉMINIS

21 de mayo–20 de junio

Arriba o abajo. Blanco o negro. Amor u odio. Géminis, a ti el punto medio te da alergia. A ti lo que te gusta son los extremos, puedes pasar de un extremo al otro como quien cambia de ropa interior a diario. Te habita un par de gemelos que van a su estilo, los dos muy guapos, muy hermosos; ellos son los reyes de la calma y de las buenas bromas.

Elemento: Aire - **Regente:** Mercurio

CÁNCER

21 de junio–22 de julio

Cáncer, tú que odias la inestabilidad y las ambigüedades, siempre estás listo para zambullirte en el mar de emociones que es la vida. ¿Viene una ola de alegría? Ahí estás. ¿Viene una ola de tristeza o mal humor? ¡Caparazón, para eso te tengo! La intuición pocas veces te falla, por eso eres el consejero del zodiaco, aunque tu sensibilidad a flor de piel a veces te traiciona.

Elemento: Agua - **Regente**: La Luna

LEO

23 de julio–22 de agosto

Confiesa, Leo, cuando entras en una habitación piensas para ti: «Abran paso a su alteza, rey de la selva, primero de su nombre, señor de las constelaciones y protector de todo el reino zodiacal». Y es que naciste para brillar y liderar. Aunque a veces ese poder se te suba a la cabeza y reines en la oscuridad de tu propia soberbia.

Elemento: Fuego - **Regente:** El Sol

VIRGO

23 de agosto–22 de septiembre

Vamos a delatarte, Virgo. No hay nada que te saque más de quicio que te cambien los planes. Tú no dejas nada fuera de orden, eres amante de las hojas de Excel y las agendas. Si de último minuto te cancelan una cita, no hay poder humano que te haga aceptar otra. Tienes un espíritu eficiente y perfeccionista que no puedes con él.

Elemento: Tierra - **Regente:** Mercurio

LIBRA

23 de septiembre–22 de octubre

Que no te pidan enfrentar un conflicto o tomar una decisión radical, Libra. Tú eres el amo y señor de los matices. Te sientes cómodo moviéndote en un sinfín de tonos grises. Como buena balanza que eres buscas el equilibrio, pero sueles tener respuestas que no son «ni fu ni fa». Ahora bien, lo que te sobra de indeciso lo tienes de sobra en acto y espíritu conciliador.

Elemento: Aire - **Regente:** Venus

ESCORPIO

23 de octubre–21 de noviembre

Ni olvido ni perdón. Los que dicen que los monstruos no existen no te conocen enfadado, Escorpio. Y una vez que clavas el aguijón no hay vuelta atrás. No hay disculpa que sirva; «ojo por ojo y diente por diente» es tu ley. La memoria es tu aliada, pues tampoco olvidas los buenos gestos que otros han tenido contigo. Magnético y pasional, andar a tu lado es abrazar el misterio y saltar al vacío sin saber si el paracaídas abrirá o no.

Elemento: Agua - **Regente:** Plutón

SAGITARIO

22 de noviembre–21 de diciembre

No tener planes no es lo tuyo, Sagitario. Quedarte quieta o quieto, tampoco. Los días duran 24 horas, pero los tuyos tienen 30. Si no tienes nada que hacer, te lo inventas. Eres pura aventura, vives para intentar cosas nuevas: viajar a lugares desconocidos, degustar platos exóticos y probar cuanta posición en la cama tu cuerpo te permita.

Elemento: Fuego - **Regente:** Júpiter

CAPRICORNIO

22 de diciembre–19 de enero

Para ti, Capricornio, no existe peor pecado que no cumplir una promesa. La palabra es palabra; si no, azote. Tú ordenas tu mundo con una línea imaginaria que divide todo lo que está bien de lo que está mal y más les vale —¡y a ti también!— estar del lado correcto. Si la vida es una montaña, tú naciste para treparla y llegar a la cima, aunque cueste sangre, sudor y lágrimas.

Elemento: Tierra - **Regente:** Saturno

ACUARIO

20 de enero–18 de febrero

¿Seguir las reglas del juego? Eso nunca. Las pautas y normas no se inventaron para ti, Acuario. Tú estás lejos de ser casto y puro. Eres libertino y cuestionas hasta el cansancio. Buscas nuevos caminos para innovar y, ¿por qué no?, liberar todo aquello que consideras injusto. Lo que tienes de audaz e intrépido, también lo tienes de impredecible y esquivo.

Elemento: Aire - **Regente:** Urano

PISCIS

19 de febrero–20 de marzo

A ver si Piscis nos presta atención. Deja tu realidad paralela un segundo, por favor. Sabemos que no te gusta sentirte preso y que tu respeto por las convenciones es tan abstracto que dejas que todo fluya por otro lado. Si las cosas se ponen difíciles, te esconderás entre los corales; pero cuando estés preparado, ¡vaya!, saldrás a la superficie para dar un coletazo si te desafían.

Elemento: Agua - **Regente:** Neptuno

PISCIS

EL QUE NACIÓ ENAMORADO Y SOLO BUSCA UNA VÍCTIMA PARA DEPOSITAR su amor.

ANIMAL

Los peces no son tan buenos con la vista, sus sentidos más desarrollados son el del olfato y el del gusto. Puede que «el amor es ciego» y otros dichos populares tengan que ver con los Piscis, pero vamos por partes. Los peces, como los delfines, se comunican por medio de ruidos que solo entienden entre ellos. Y tú, como ellos, tienes un idioma único, sensible y emocional. Ojo, porque la mayoría de las personas confunden la emocionalidad y la sensibilidad con debilidad, y es ahí donde se hacen una idea de que tú, Piscis, eres un reguero de mocos. Lo que no saben es que no hay nada más temible que un Piscis enfadado.

CONSTELACIÓN

Cuentan los que todo lo saben, es decir, los chismosos ancestrales, que cuando Zeus terminó la guerra con los Titanes, la titán Gea tuvo su último retoño, Tifón. Este se convirtió en el monstruo más grande de toda la mitología y, claro, quería vengarse y atacó el Olimpo. Los dioses se transformaron en animales para escapar y Afrodita tomó a su hijo Eros (Cupido) para transformarse ambos en peces, uniendo sus aletas para no separarse jamás. Así es como se juntaron el amor, lo bello y lo caliente para terminar la rueda del zodiaco. No es necesario contarte que esas estrellas nada tienen que ver con dos peces en dirección contraria, no te esfuerces porque no hay cómo encontrar los peces en el cielo. Pero sí, la constelación es una belleza.

SÍMBOLO

Esos paréntesis al revés unidos por un guion representan los peces que se agarraron de las aletas para no perderse, pero también lo relacionan con que vives entre el reino de los mortales y el espiritual. Este glifo representa a dos peces que nadan en direcciones opuestas, lo que habla de tu forma de tomar decisiones; ¡ni Libra se cuestiona tanto al escoger! La diferencia es que tú debes elegir entre la intuición ultrasensorial conectada con los astros y los espíritus, o la humanidad básica sin poderes mágicos. Debe ser difícil para ti, que eres un ser de luz disfrazado de humano con hambre, pataletas y rabietas... pobre, te entendemos.

PLANETA REGENTE

Neptuno, el dios de los mares y el que se encarga de la espiritualidad, la inspiración, el amor —en sus formas amplias e infinitas— y los sueños, es tu planeta. La astrología te muestra como alguien con el constante deseo de alcanzar lo divino, el amor imposible, porque no existe ese que te imaginas. Al mismo tiempo te estrella contra el suelo recordándote que te dieron este traje de humano y que vivir en la ilusión y los sueños es más peligroso que un Aries aburrido. En otras palabras, Neptuno es como esa pastillita de la felicidad que solo dura un rato, te atrapa con todo el color del arte, la magia de las palabras bonitas y el mundo en el que todo es amor y cursilerías. Pero después te sacude porque en realidad no puedes volar, las personas dicen mentiras y también se sacan los mocos, se arrugan y mueren.

Como Neptuno está tan lejos y se tarda 14 años en darle la vuelta al Sol, te va cambiando el nivel de dificultad y el área donde tienes que concentrarte. Por eso tu necesidad de una conexión espiritual, porque de lo contrario vas a pasar de ser un ángel, designado por los astros para cuidar a la humanidad, a un asesino en serie que no soporta todos los defectos humanos, que a veces los tienes también.

ELEMENTO

Eres el único signo del elemento agua que de verdad vive en el agua, el único que respira agua, camina agua y come en el agua. Si cambiamos la palabra agua por emociones, como resultado nos das tú, un casi humano con muchos sentimientos y emociones que solo puede vivir dentro de ellos. Bueno, es una exageración, pero verdaderamente tienes tanto corazón para sentir que nos asusta cómo logras sobrevivir cada día con tan poquísimo sentido común.

Los signos que pertenecen a este elemento son cambiantes e imposibles de encasillar, ni nos molestamos contigo. Es más, lo común que tienen los Piscis como tú, es que no tienen cosas en común. Lo dicho, es muy difícil meter a todos los de tu signo en el mismo saco de agua. Sin embargo, tendremos la fortuna de acercarnos a una verdad desde las esquinitas de tu personalidad afilada y peligrosa.

Lo que sí podemos afirmar es que, como tu elemento, eres transparente y siempre en movimiento. A muchos mortales puede parecerles que sois como las aguas mansas la mayoría del tiempo, pero como dice el viejo refrán: «¡Líbrame de las aguas mansas que de las bravas me libro yo!». Y es que en un microsegundo, Piscis, puedes convertirte en un verdadero tsunami.

PERSONALIDAD

¿QUÉ NO ERES, PISCIS?

No eres ni un poco racional; siempre hemos escuchado que tienes la emoción y los sentimientos a flor de piel. Lo que no cuentan es que toda esa sensibilidad la canalizas en crear y en aprender. Te llaman irracional, pero nadie se sabe adaptar tanto a los ambientes extremos. La inteligencia no es exclusiva de la razón y tu emocionalidad es inteligente, aunque no siempre, pues te encanta ponerte las gafas rosas para verlo todo como si fuera bueno y maravilloso, como si la vida se tratara de un cuento de hadas. Por ejemplo, cuando una relación no está funcionando, tú te imaginas lo que te falta y no sabemos si es un gran atributo o un error garrafal, pero como siempre en tu caso, pueden ser las dos a la vez.

Piscis, al que le falta cordura

Una de tus debilidades es que confundes la realidad con tu imaginación, y esto en la vida real se llama locura. Afortunadamente escondes bien esta rareza y aparentas ser normal, pero de eso no tienes ni un pelo. ¿Qué hay de normal en ver colores alrededor de la gente o saber lo que va a pasar antes de que pase? Eres un *freak,* en el buen sentido de la palabra y en el malo. Así como puedes ver las intenciones negras de los otros humanos, también se te van las luces y te inventas en la cabeza películas peligrosísimas que de verdad te crees, y sacarte de ahí es bastante difícil.

Piscis, el que no deja pasar nada

Entre el misterio y la trascendencia de Urano, tienes un contador de meteduras de pata y un archivador de resentimientos. Aunque lo sientes todo, y en dimensiones desproporcionadas, no se te da bien expresarlo con palabras. Te obligas a ser amable, el «amigui» de todos, aunque te mueras de dolor por dentro. Y cuando por fin aprendes que no tienes por qué estar feliz y hablador siempre, te vuelves una caja de pandora sin acceso, no hay forma de acceder a tu verdadero ser. Si practicas esto lo suficiente, la cosa se pone más grave; peor, empiezas a creer que no te pasa nada y te enfermas porque por algún lado tiene que salir.

Piscis, el que no ve el vaso medio lleno

Tienes una increíble facilidad para ver el vaso completamente vacío. Tus extremos emocionales te ponen a soñar con ponis, pero también con que la profecía del fin del mundo es mañana y todos nos vamos a morir de la peor forma... ¡Cálmate, Piscis! Tienes que ver el punto medio de las cosas, aprender a diferenciar entre lo que es y lo que has sacado de la última novela de ciencia ficción que acabas de leer. Deja de imaginar el peor escenario, salir corriendo y meterte debajo de la cama (o en el armario o en un cuarto sin wifi). La mayoría de las veces no pasa nada de lo que piensas. Pierdes un montón de tiempo, incluso las personas que más quieres pueden llegar a alejarse de ti por ser tan fatalista. Recuerda esto la próxima vez que inicies una guerra solo por creer que tu *crush* te soltó la mano porque te detesta y no porque tenía que anudarse los cordones.

Piscis, el que no gasta

Como no tienes una visión materialista de la vida, vives con el trauma de que no tienes suficiente y esa película sí que te dura. Eres duro hasta contigo mismo y antes de comprar cualquier cosa lo sometes a un comité con todos tus espíritus para ver si lo haces o no. No importa cuánto dinero ganes, que tengas infinitas propiedades y que puedas nadar en una piscina de billetes, la pobreza está en tu cabeza y puede ser agotador convencerte de lo contrario.

DEFECTOS

Tienes la voluntad distraída, eres muy influenciable. Puedes levantarte cantando y feliz porque tuviste el mejor sueño de toda la semana, pero si está lloviendo, confundes el agua con que el cielo está triste y hasta ahí te cantan los pajaritos.

Odias con pasión la confrontación, querido Piscis. En vez de mandar a todos al diablo y defenderte, como un ser humano de bien, te haces una bola y te escondes. Sin importar que tengas 90 años, la fobia por las confrontaciones no se quita. Eso sí, aunque no sueles ser explosivo, cuando coges confianza pareces una demostración de juegos pirotécnicos.

Te distraen el bien y el mal, todo depende de cómo te sientas en ese momento. Se te da bien mentir sin que te atrapen y si mientes sin remordimientos lo justificarás con maestría, porque también tienes talento para manipular, no te creas.

LO QUE LOS HACE SUPERIORES

Tienes una inclinación artística prolija y sería maravilloso si lo pusieras en práctica escribiendo el guion de un dramón turco pero, en vez de eso, los vives en tu cabeza y no tienes límites sintiéndolo todo como si fuera personal. Hasta el clima se pone en tu contra y las estrellas se confabulan para hacer tu vida miserable. Entonces todo se pone tan oscuro que ya no ves cómo salir, se acaba la película, salen los créditos y tú sigues en el guion que te creaste. Tienes algo que te salva, generalmente incluye arcoíris, unicornios y ponis. ¡Vivan las dos personalidades de Piscis!

TU PEOR INSULTO

- Que alguien te sea desleal.
- Que abusen de tu nobleza y te pongan a hacer lo que no te corresponde.
- Que menosprecien tu sensibilidad.
- Que te crean débil solo por ser emocional.
- Que te digan que eres debilucho.

«EL LÍMITE NO EXISTE»

En realidad eres muy flexible y te puedes emocionar con cualquier muestra de cariño. Eres como ese perrito de la calle al que le das un poquito de amor y se queda pegado para siempre. Puedes adaptarte a todas las personalidades y a todos los ambientes, hasta que te encuentras con alguien agresivo, mandón y sin modales. Lo soportas todo, menos la agresividad y el conflicto; esa es la forma de sacarte corriendo de cualquier situación. Y deberíamos aprender más de ti, porque eres admirable. Te pones en primer lugar tú y simplemente te vas.

TU LADO *DARK*

No soportas que te contradigan o que te obliguen a hacer algo de mala manera. Si no te lo piden de una forma buena y bonita, sale tu peor versión y no mueves ni un solo dedo. Y aquí viene la segunda parte: se te sale el demonio si alguien te empuja —física o mentalmente— hacia un lugar que no quieres o te presiona a hacer algo de lo que no estás convencido. Nos da mucho miedo tu lado oscuro y bravo, porque, aunque no eres de discutir, te sale el odio profundo por los ojos y sí, la verdad, das mucho, muchísimo miedo. Los Libra deberían aprender un poco más de ti, sinceramente.

ASESINOS EN SERIE

De entrada, un Piscis jamás parecerá un asesino en serie: son dulces, empáticos e incluso un poco vagos. Y, sin embargo, tiene algunas características que lo podrían situar en el top de los *serial killers*: su perfil bajo y su cara de no haber roto un plato lo convierten en un asesino a tener en cuenta. De hecho, muchos estudios demuestran que es el signo más común entre los asesinos en serie. Ándate con cuidado si estás pensando en poner un Piscis en tu vida...

John Wayne Gacy: ¿Quién iba a sospechar de un payaso? Desde luego, la gente que contrataba a este asesino de nombre tan icónico para las fiestas de sus hijos no lo hicieron. Un hombre que mantenía un perfil bajo en su día a día y que luego guardaba los cadáveres debajo del parqué.

Aileen Wuornos: Hemos hablado de la maldad escondida, pero no tanto de que hay peces realmente buenos, pero muy desafortunados. Es el caso de Aileen Wuornos, traicionada de mala manera tanto por el sistema como por sus amantes. Una Piscis con un fuerte lado *dark* que solo mató en defensa propia y cuyo veredicto se debió a una campaña en su contra.

MODA

Para Piscis la verdadera moda está en los detalles, por eso invierte una buena parte de su presupuesto en accesorios. Adora pasar desapercibido, así que irá a la moda, pero tampoco mucho; llevará algún detalle que salga de la norma, pero solo lo sabrán los más entendidos del lugar.

Sus colores son los azules claros y los morados. Ah, y mucho mucho negro. Tienen un armario lleno de básicos atemporales. Aunque, ¡ojo! Quizá esa camiseta básica blanca es de una colección de Marc Jacobs.

No suelen llevar prendas demasiado sexis ni ajustadas. Son fans de la comodidad, de las prendas holgadas y no le hacen ascos a algún que otro chándal.

PLAYLIST

Canciones Piscis de artistas Piscis:

- Rihanna — *Stay*
- George Harrison — *What Is Life*
- Olivia Rodrigo — *drivers license*
- Jake Bugg — *Two Fingers*
- Bad Gyal — *Fiebre*
- Rakky Ripper — *Piscis*
- Bad Bunny — *Aguacero*
- Lou Reed — *Perfect Day*
- Nirvana — *Dumb*
- Linkin Park — *Crawling*

PERSONAJES FICTICIOS

Ron Weasley, de *Harry Potter*

Ron y Hermione son perfectos porque son Virgo y Piscis. Ella es la sabelotodo y él el chico sensible, patoso y de buen corazón que bebe los vientos por ella. Virgo conoce la valía de Piscis y no duda de sus capacidades, Piscis por el contrario necesita el apoyo incondicional de sus amigos para reconocerse como válidos y ahí sacar todo su potencial.

Amelie

Un ser inocente que encuentra la belleza y la aventura en las pequeñas cosas. Piscis aparenta más tranquilidad de la que tiene, si realmente le tocas las narices te las devolverá, aunque sea de forma sutil. Se enamoran en los sitios más extraños y son los eternos niños.

Frodo, de *El Señor de los Anillos*

El único signo con tal nivel de inocencia que podría cargar con el anillo sin corromperse (bueno, casi). No quiere el mal de nadie, solo necesita a una mano derecha para tirar para adelante, va con sus amigos hasta el fin de la Tierra Media si hace falta. Es curioso, cándido y por lo general tranquilo.

PERSONAJES REALES

Bad Bunny

Su personalidad es el estereotipo de Piscis, él mismo lo dice en una de sus canciones: «Pero dale easy, easy, ey' / que sabes soy Pisci', ey». Un chico sensible que le pregunta a tu mamá cómo le va, ve *anime* y, detrás de su apariencia de rompecorazones, lo único que quiere es hacer enamorarse, compartir memes y suspirar por chicas.

Tyler, the Creator

Si entras en la cabeza de un Piscis vas a encontrarte con su parte más *goofy*, pero que esto no te haga olvidar que también son personas con muchos problemas y con pensamientos terribles. Yo no querría pasar dos segundos en su mente.

Olivia Rodrigo

Una Piscis sacará lo mejor de sí misma cuando está herida y, sobre todo, cuando le acaban de romper el corazón. No puede creer que no la quieras como ella te quiere a ti... y que estés bien a los dos días ya ni te cuento. Piscis es de procesos largos, de hacerse una bola en el suelo del baño mientras ven las *stories* de su ex con su nueva pareja.

Luis Buñuel

Obviamente era Piscis: hacía cine a partir de sus sueños. Un director sensible, imaginativo y poético, tanto en sus primeros trabajos, los del surrealismo inicial mudo, como en los últimos, los de su época francesa, cuando, además de un lirismo excepcional, también tenía bastante mala hostia. Decía que no podía esperar a jubilarse para soñar todo el día y dormir 20 horas. ¿Se puede ser más Piscis?

Kurt Cobain

Lo que dije, autodestructivo. La persona que siente demasiado y, como no lo suelta, busca otras vías de escape. Demasiado sensible para el mundo. Lo dijo en su carta de suicidio: «Soy el típico Piscis triste, sensible, insatisfecho, ¡Dios mío! ¿Por qué no puedo disfrutar? ¡No lo sé!».

TUS MOMENTOS MÁS ODIOSOS

Para ser un individuo tan evolucionado no has solucionado muchos inconvenientes humanos. Eres el ser más odioso sobre la faz de la tierra cuando tienes sueño, hambre o frío. Pero no como los humanos normales, eres una pequeña fierecilla descontrolada que siente todo: no es un hambre normal, un cansancio normal o un frío normal... en tu cabeza funciona todo multiplicado por mil y el ser luminoso lleno de amor no vuelve a salir hasta que se siente lo suficientemente cómodo, satisfecho o recargado de energía.

EL REGALO MENOS DESEADO

Lo peor que pueden regalarte es cualquier cosa que no te guste, no por el hecho de que no sea de tu agrado, sino porque te lo tomas como algo personal, para ti es como una especie de traición. «¿Cómo es posible que me den esta clase de regalos?», es lo primero que piensas si ves que la envoltura, que mantiene oculto al obsequio, no es de tu color favorito. En tu cabeza, le habías dicho cientos de veces a esa persona lo que querías que te regalara, es más, no pudiste despegar tus ojos de la vitrina durante más de dos segundos. ¿Cómo no se dieron cuenta si fuiste tan poco disimulado?

EL COLMO DE LOS COLMOS PARA TI

Eres brillante haciendo análisis de situaciones y dando sugerencias sensatas y muy efectivas, pero si hicieras en tu vida la mitad o un poco menos de lo que les dices a los demás, estarías levitando y trascenderías al nirvana de una vez. Querer tener la pareja más amorosa del mundo y no soportar a las personas más románticas del mundo, así eres tú, Piscis. Vas pasando de contradicción en contradicción, esperando a que un buen día puedas entender el misterio del universo que eres y puedas respirar por fuera del agua o del drama, lo que pase primero.

HOBBIES QUE ABORRECES

Tenemos un problema muy serio con la forma en la que te adaptas a todo, pues no sabemos en realidad qué es lo que aborreces, pero lo vamos a intentar.

- Un concurso de debate en el que siempre te lleven la contraria.
- Cualquier deporte de competición en el que tengas que pelear con otro ser humano.
- Meterte en el club de competencias de Excel.
- Un maratón de documentales sobre el cambio climático.
- Hacer de mediador entre tu mejor amigo y su pareja.

JAMÁS TE DISCULPARÁS POR...

Hacer un *show* injustificado, no importa cómo de ilógico pueda ser tu berrinche, para ti tiene todo el sentido y piensas que estás en todo tu derecho de expresar tus «pequeñas» inconformidades.

Hay otro pecado por el que jamás te disculparás: si tuviste un sueño en el que alguien te hizo daño, te defraudó o te traicionó, sientes que estás en todo tu derecho de no volver a hablarle en la vida real. Lo dice el manual de reglas que imaginariamente has escrito para el resto de los mortales. No seas malo y danos una copia a quienes convivimos contigo, ¡por favor, Piscis!

ANTIMATCH

Vamos a ir al grano, Piscis:

Acuario

Es una república independiente y necesita mucho espacio y muchos momentos solo, mientras que a ti te da la locura y piensas que no te quiere y aquí viene otra novela de nunca acabar. Seamos honestos, no te sirve la forma de amor que no sea pegarse como un chicle, así que después no te puedes quejar de que no te lo advertimos.

Géminis

Es un signo dual como tú; esto, en palabras fáciles, es que no son siempre iguales. El problema de este signo es que aparte de no ser el mismo, le gusta salir corriendo y tiene una alergia mortal al compromiso como tú lo quieres. ¡Huye!, ya habrá otros signos que te desequilibren donde te gusta.

Sagitario

Es bien sabido que los Sagitario son de los más queridos del zodiaco. ¿Quién no querría a alguien tan gracioso y libre a su lado? ¡Tú, Piscis! Aunque estás interesado en pasarlo bien, tampoco te funciona tener una relación con los que parecen los payasos de la astrología. Pero no vamos a ser injustos únicamente con Sagi, ya te estamos avisando que a ellos no les interesa en lo más mínimo tener que reafirmar su amor cada 5 segundos, y contigo es exactamente lo que tendrían que hacer por aquello de que eres tan inseguro. ¡Ay, no, mejor ni como amigos!

AMOR

¿CÓMO ERES EN EL AMOR, PISCIS?

Enamorarte es de las cosas más sencillas del universo, te enamoras cada día y te desenamoras igual. Estás enamorado del amor, no de los humanos a los que les pones tus amores llenos de corazoncitos y mariposas. Ahora bien, si encuentras a tu humano bello durmiente, te entregas sin medir la profundidad del charco; te encanta la idea de ser solo de una persona (solo la idea, después, cuando se vuelve real, es que empieza un nuevo drama). Sientes mucho todo y eso te hace volar; no sabes qué pasa en la tierra porque tu amor se acomoda ahí, en esa comedia romántica que te gusta tanto y que no es verdad.

El amor te causa una enfermedad: una especie de inmadurez emocional. Te pones muy caprichoso, manipulador y asumes que tienen que leerte la mente, así como lo haces tú. No concibes cómo no pueden entender lo que estás pensando si lo estás pensando clarito y fortísimo. Como no te gustan las discusiones ni los enfrentamientos de ningún tipo, no dices qué te pasa y el otro deja de ser humano para convertirse en un mago adivinador que claramente no atina porque cambias de humor y de emoción a cada rato.

Cuando por fin no hay más drama ni competiciones mentales imaginarias, y encuentras una persona que sea comprometida y dulce en su justa medida, eres el ser más brillante y feliz de todos los seres vivos, nada más hermoso que un Piscis enamorado y correspondido.

LO QUE NO HARÍAS NI POR AMOR

Piscis, la verdad es que tú harías de todo y un poquito más por amor. ¡Y por eso nos preocupa que te enamores cada vez que canta el gallo! Encajas en donde sea, eres agua pura y puedes adaptarte a cualquier recipiente. Es muy común que traiciones porque eres influenciable, y enamorado se te acaban las ganas de llevar la contraria. Incluso cuando sabes que por ahí no es y te dicen que mires, que mucho ojo... tú no oyes ni ves ni entiendes o sí, pero te pones otra vez las gafas rosas y no miras al otro como es, sino como quieres que sea. Ojo con las *red flags*, ¡luego no digas que no te avisamos!

AHÓRRATE LA TERAPIA

Piscis, a veces nos preocupa que seas tan enamoradizo. Nos duele ver que a un ser con un corazón tan grande lo rompan a cada rato. Aquí te dejamos unos consejos para que salgas bien parado de los dramas.

- Deja de ver *chick flicks* y series coreanas, la vida no funciona como los k-dramas y tienen que dejar de ser tu manual de instrucciones para el amor.
- Intenta adaptarte a los diferentes cambios sin perderte en el otro humano, si te gusta el helado y a la otra persona no, no te tiene que dejar de gustar ni lo tienes que dejar de comer. No estás obligado a coincidir en todos sus gustos, el amor no se trata de eso.
- El amor es atención y tú ya estás graduado en el arte de saber todo del otro, pero no esperes que la otra persona tenga el mismo tipo de atención que tú (parecida a la de un *stalker*) y disfruta de conversaciones en las que le digas —no mentalmente— qué te gusta.

¿CÓMO APLICAS EL *GHOSTING*?

Piscis, tú no aguantas que no te respondan a la velocidad de la luz ni que te digan mentiras, mucho menos que te cancelen un plan, no importa que su abuela esté enferma, no hay justificación válida para disculpar una cancelación. Uy, otra cosa antes de que pasemos a la siguiente sección. Si el que te dejó plantado intenta hacerse el gracioso para que tu furia no sea tan grande, ¡lo ghosteas en persona! Eres capaz de dejarlo hablando solo antes de seguir escuchando esa sarta de tonterías. Mejor solo que mal acompañado, ¿estás de acuerdo, Piscis? Bueno, igual una semana después ya tendrás otro ligue y el drama comienza de nuevo.

TU MEJOR LIGUE PARA UNA SOLA NOCHE

Escorpio es el mejor amante del zodiaco y «se mueve como pez en el agua». Tenéis sensibilidades parecidas, os gustan las profundidades y conectar en esos niveles que los humanos ni siquiera sabemos dónde quedan. La cereza del pastel es que en el sexo podéis serlo todo y hacer de todo... os encanta jugar.

TU AMANTE IDEAL

No es que nos falte imaginación, pero Escorpio está diseñado para que tengáis la mejor historia de amor. Vive con tu misma intensidad las emociones, le gusta hundirse en las oscuridades del alma, y cuando encuentra reciprocidad se queda anclado en un compromiso intenso y duradero. Tenemos pruebas y pocas dudas.

Si ya lo intentaste con Escorpio previamente y no te convenció, tenemos otro candidato: nuestro querido Tauro. Ambos sois de esos poquísimos signos del zodiaco para los que una relación estable lo es todo. El toro ama profundamente y es sumamente protector, dos cualidades que aprecias en una pareja. En la cama os tomáis vuestro tiempo para satisfacer al otro y hacerlo sentir seguro. ¡Te encantará!

¿QUIÉN ES TU PEOR AMANTE?

Libra tiene la misma indecisión tuya, con el agravante de que es incapaz de dar el primer paso. Os quedaréis por los siglos de los siglos esperando a que el otro diga o haga algo para empezar una relación. Mientras tanto, todo se enfría y termináis siendo un par de amigos porque no disteis ese paso.

CÓMO NO ABURRIRTE, PISCIS

Sabemos que te gustan los dramas, pero crearlos, no vivir en los de alguien más. Si quieren aburrirte, que hagan cosas para que sientas celos o que te pidan que hagas aquello que solo tú tienes permiso de hacer, bien lo dice el código pisciano. Otra de las cosas que te aburren es que no te respondan una llamada o un mensaje de texto de inmediato porque confundes el tiempo de respuesta con desinterés.

COMO EX ERES...

Al principio, como todos los finales, será insoportable y más si te han hecho daño. Se te sale el pequeño demonio que llevas dentro y empiezas a planear tu venganza, una de las cosas que mejor se te da porque te pasas el día analizado cada punto débil que tiene el otro. Después de atormentar un rato a tu ex, te tranquilizas y te da igual si respira o no. Mejor que respire, porque la muerte es algo que no le deseamos ni a los ex.

PARA QUE TE SOPORTES

Deja el miedo. Si te gusta alguien, amárrate los pantalones y ve por lo que quieres, no dejes al azar la oportunidad de salir con ese ser que te gusta, ¡no te arrepentirás! Y para que sea una pesca efectiva, te recomendamos que:

- No tomes de forma personal que alguien no haya escuchado tus gritos mentales, la mayoría de los terrícolas no entiende tu lenguaje de pez y es terrible en el juego de adivinanzas.
- Recuerda que estar enamorado del amor no es nada parecido a estar enamorado de una persona; está bien que seas soñador, pero trata de incluir a la versión real del humano en toda tu historia fantástica.
- Intenta mantener un pie en la tierra para no caerte cada vez que empiezas a salir con alguien; no queremos amargarte, pero ten presente que la realidad es lo que sucede fuera de tu cabeza.

DINERO

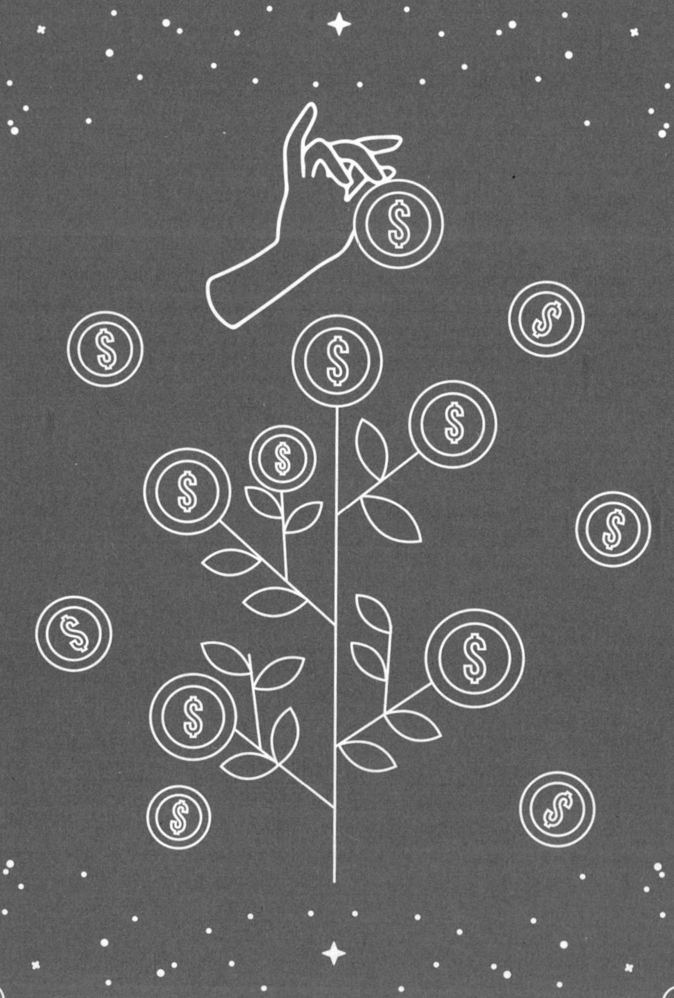

PISCIS Y EL DINERO

¡Qué pereza ser adulto! ¿Cierto, Piscis? Te niegas a ser uno más de los millones que hipotecan sus sueños a cambio de dinero. Para ti el éxito no es tener un montón de ceros en el banco, sino sentirte a gusto con lo que haces. No te importa tanto el sueldo, si sientes que fluye, ahí es.

Cómo manejes el metálico dependerá del momento en el que te encuentres. A veces te da una etapa realista donde te enfocas en gastar lo que corresponde y ser un gran ahorrador. Otras, en cambio, te viene una locura filosófica y decides que no quieres preocuparte por algo tan banal como el dinero y #GastosImpulsivosVenganAMí. De todas formas, aunque tu cuenta esté en números rojos y tu hucha muriendo de inanición, no te preocuparás demasiado. Siempre tendrás la sensación de que ha valido la pena gastarlo disfrutando y de que, tarde o temprano, el dinero se vuelve a hacer.

NI POR TODO EL DINERO DEL MUNDO

Bajo ninguna circunstancia dejarías de soñar, Piscis. Nunca te cansarás de pensar en que tu último negocio será el que te hará millonario, en que tu idea creativa revolucionará el mundo o en que tu proyecto será el nuevo Amazon, Tesla o Meta. Eres un romántico empedernido, crees ciegamente en las personas y tiendes a idealizar en exceso. Querido pez, si ya sabes cuál es tu talón de Aquiles, trata de poner un dedo en la tierra y no dejarte cegar por tus ideas o tu gran imaginación.

TALENTOS ESCONDIDOS PARA TRABAJOS IDÍLICOS

Crear es tu pasión, pero ¿qué tipo de cosas? ¡Eso es lo que menos importa, lo que sea! Dependiendo de hacia dónde te lleven tus gustos, puedes desplegar tu creatividad en el mundo del arte, el diseño, la música, el baile, la fotografía, la escritura, el cine, el maquillaje. La lista de opciones es e-ter-na. ¿La constante? Tu imaginación.

Ratón de biblioteca, maratoniano de series, navegante por las redes o creador de arte. A tu cerebro inquieto y curioso le encanta explorar y descubrir cosas nuevas, por eso siempre sabes datos superinteresantes —o tan *random* que no tienen nada que ver con nada— que dejan a todo el mundo con carita de emoticón sorprendido. Eres la persona indicada para tener conversaciones divertidas o simplemente charlar sobre la vida, el amor, los sueños o hasta la inmortalidad del cangrejo.

¿EN QUÉ NO GASTAS TU DINERO?

Jamás desperdiciarías tu dinero en algo que tu corazón, tu cabeza y tu espíritu no sienta. Gastar en algo que no necesitas, pero ¿te gusta? *Check*. ¿Comprar entradas para un concierto? Listo. ¿Aprovechar el Black Friday y sacar un billete? ¡Claro que *yes*! La vida es una y tú quieres vivirla. No te molesta ni UN PELO gastar tu dinero en cosas o experiencias que no alimenten tu espíritu. También te das algunos —varios— caprichitos, simplemente no olvides ahorrar algo para disfrutar hoy, ¡pero mañana también!

¿CÓMO INVIERTES, PISCIS?

Tal y como eres: poco realista, soñador y hasta un poco crédulo. Por ello es mejor que, antes de perder tus ahorros, te asesores con alguien que sepa del tema. Prueba con opciones poco arriegadas que aseguren un retorno, como los fondos mutuos, las cuentas a plazo fijo, o bien, invierte en bonos que tienen un retorno garantizado. Te aconsejamos hacer plan de pensiones de emergencia en el que, mes a mes, metas algunas monedas. No es mala idea, por si un día te vuelves loco y renuncias a tu puesto de trabajo con tal de cumplir algún anhelo.

Te recomendamos que busques socios del elemento tierra, con los pies en ella, o fuego, que pueden captar las necesidades del otro, es decir: Tauro, Virgo, Capricornio, Leo, Aries y Sagitario.

PARA QUE TE SOPORTES

Andar por las nubes tiene sus beneficios, Piscis. Tu forma de imaginar las cosas le vuela el cerebro a la mayoría, los ayuda a ser mejores y les da otra perspectiva, claro, siempre hay algunos que te califican de indescifrable, pero #HatersGonnaHate. Sácale provecho a esa visión única. ¿Cómo? Aquí tienes algunas ideas.

- Pon a trabajar tu cabeza loca en estudios como arquitectura, diseño de interiores, artes gráficas y diseño industrial. Te hará muy feliz encontrar de forma creativa la hipotenusa que hace ángulo con una viga estructural.
- El premio Óscar a quien siempre se adueña de problemas ajenos es para ti. Tiendes a mezclar tu vida personal con la profesional y para tu carrera esto es una *red flag* gigante. Eres a quien recurre un colega cuando está pasándolo mal, y eso te hace muy valioso en la ofi, pero es como si, en solidaridad,

absorbieras esa energía también. Trabaja en controlar tus emociones.

- Ante una situación supertensa en el trabajo, tú: *a)* lloras de la frustración mientras discutes, *b)* huyes para evadir el problema o *c)* incisos *a* y *b* son correctos. Necesitas estar en un ambiente laboral donde las cosas fluyan y haya buenas energías. Si el ambiente es hostil o hay demasiado *beef* entre la gente, se te corta el *flow* y terminas cerrándote o escapando lejos. ¡Toma nota!

SALUD

NEPTUNO, PLANETA DINÁMICO

Perezoso no... relajado. No te confundas, Piscis. Tu ritmo lento y acompasado viene dado por Neptuno, tu planeta regente. Su energía etérea es la que te hace disfrutar del arte de la pausa [aquí es cuando le sacas una foto a esto y se la pasas a todos aquellos que te preguntan por qué eres tan flojo]. ¡No eres tú, es Neptuno! Pero tanta relajación no viene gratis. Neptuno se encarga de todos los líquidos en tu cuerpo y puede ralentizar tu circulación, así como tu sistema linfático. ¿Traducción? Puedes sufrir de piernas cansadas, pies hinchados, baja presión arterial y defensas debiluchas. Tu sensibilidad neptuniana también te hace más sensible a los factores ambientales: «¡Alergias, vengan a mí!».

Moverte y tener una dieta equilibrada son claves para contrarrestar la lentitud de Neptuno. Y si te animas a usar los calcetines que tejió tu abuela para echarle una manita a la circulación de tus piernas, mejor.

DEPORTES

«¡Atención! ¡Atención! Señoras y señores: en la esquina izquierda tenemos a Piscis, cinco veces campeón del Torneo de los Sueños y Fantasías... Y en la esquina derecha, tenemos a cualquiera que medianamente sepa tirar un par de golpes y ganchos.» Las casas de apuestas pagan 100 a uno y, ya debes sospecharlo, los números no están a tu favor. Resulta que, a ti, que te dan alergia las confrontaciones y no puedes discutir sin ponerte a llorar, no se te dan bien los deportes de combate. Olvídate de la lucha, el boxeo, el kárate, el MMA y todo lo que se les parezca. También despídete de las cosas demasiado competitivas donde haya demasiado roce como el fútbol, fútbol americano y baloncesto.

A ti que te lancen al agua para que disfrutes: puede ser nadando, buceando, haciendo aquaerobics o hasta probando con saltos ornamentales o nado sincronizado. Fuera del agua, anímate por el yoga y el *running*.

CUENTA HASTA 10, PISCIS

No importa si te pusieron entre la espada y la pared, se burlaron de tus emociones o fueron crueles contigo. Si te pones a discutir en ese instante, no lo dudes: tus lágrimas de rabia y frustración van a tener un papel protagonista. Para que no quedes como el llorón y después te tortures a ti mismo recordando ese episodio una y otra vez, sigue estos pasos para calmarte.

Etapa 1: A sentir

- Retírate de la situación.
- Escucha tu *playlist* corta venas. Sabemos que la tienes.
- Pon tu comedia romántica favorita y a tu lado una caja de pañuelitos.

Etapa 2: A remover

- Date una ducha calentita y deshazte de toda la carga emocional.

- Aplícate cuanta crema uses en la cara. El *skin care* y masajear un poco tu piel serán tus mejores aliados para relajar tus expresiones faciales y disminuir esa raya que se te forma en medio de las cejas por gruñón y cascarrabias.

Etapa 3: A resetear

- Busca alguna caricatura de tu infancia que te haga reír.
- Pídeles a tus amigos que te manden memes.

Etapa 4: A contraatacar

- Arma tu plan de acción y piensa en los argumentos que usarás para tratar la situación con cabeza —y corazón— frío.
- Si ya pasó el momento de la confrontación y no hay manera de abrir el diálogo, escribe *tooodos* tus argumentos en una carta y, luego, córtala a trocitos. En un tazón mezcla pegamento y agua. Ahora tienes los componentes para crear papel maché y que de tu tremendo coraje salga una manualidad bonita.

TUS FRASES MÁS ARROGANTES

- Hazme caso, puedo predecir el futuro.
- Me buscas porque doy los mejores consejos.
- Ese es un problema para mi yo del futuro.
- Nadie puede resistirse a mi encanto.
- Estoy en todo mi derecho de tener una rabieta porque me fuiste infiel en sueños. Te toca aguantar.

LO QUE TE QUITA EL SUEÑO

«Estado civil: comenzando mi tercera relación imaginaria del día.» Si ya durante el día vives absorto en tus pensamientos, durante la noche le pones el turbo a esa capacidad tuya para fantasear. Tus emociones te desbordan, tu imaginación te desborda, tu preocupación por los demás te desborda. «¿Le gusto o no le gusto?», «¿Por qué me mira así?», «¿Quizá se ha molestado porque no ha entendido mi comentario?». Bienvenido al carrusel de los pensamientos que nunca se detiene. A ti TODO te quita el sueño, Piscis.

Mención especial a los desafíos de la vida adulta. Nadie te preguntó si querías nacer y ahora resulta que tienes que rendir en los estudios, destacar en el trabajo, pagar las cuentas, cocinarte tus comidas, ordenar tu casa. «¿Dónde me bajo?», dices tú.

PARA QUE TE SOPORTES

ADVERTENCIA: Los siguientes consejos tienen material perturbador que puede herir sensibilidades. Sin embargo, los hemos redactado con todo el amor del mundo para que te ayuden a convivir contigo mismo.

- Cualquiera que te conozca sabe que eres el hipocondríaco del zodiaco. Todo el día andas «ay, uy, eh» y aunque vayas 157.983 veces al médico, todos siempre te contestan lo mismo: «Es ansiedad, es estrés». Para dejar de somatizar tus emociones, date tiempo de regeneración: medita, practica yoga, pasa tiempo en la naturaleza o descansa en un lugar tranquilo.
- Deja de complacer al resto. Está bien que te den mucha pena, pero más pena te deberías dar tú. Repítete el siguiente mantra: «Primero yo, segundo yo y tercero yo». Esto aplica para cualquier situación de la vida.

RITUALES EFECTIVOS

PARA NO SER UNA ESPONJITA EMOCIONAL

Tienes una gran habilidad para ser una esponjita emocional de los demás. Para dejar de serlo, prepárate este repelente emocional.

Ingredientes:

- 3 cucharadas de autocuidado
- 2 cucharadas de capacidad para decir «no»
- 4 gotas de límites saludables
- 1 pizca de «me sirve»

Instrucciones:

- En un recipiente imaginario mezcla los ingredientes.
- Rocíate todo el cuerpo e imagina que creas una barrera entre las energías de los demás y tú. No te olvides de los pies y la espalda, que a ti se te cuelan los sentimientos de otros por todos lados.
- Reaplica antes de interactuar con personas que tienden a transmitir energías negativas.

PARA QUE SE ENAMORE PERDIDAMENTE DE TI

Como buen adicto a las comedias románticas, Piscis, sabemos que tienes tu Top 10 de mejores personajes. Esos que son el sueño hecho realidad de cualquier fantasía amorosa. Para llamar una figura así a tu vida, sigue este ritual.

- Escribe a mano una lista de las 5 características que buscas en tu *crush* y que sean encarnadas por personajes de tus *rom-coms* favoritas. Te damos algunas ideas:

    - La dedicación y amor inquebrantable de Noah Calhoun (Ryan Gosling) en *El diario de Noa.*
    - La autenticidad de Bridget Jones (Renée Zellweger) en *El diario de Bridget Jones.*

* Los detalles y sorpresas de Patrick Verona (Heath Ledger) en *10 razones para odiarte.*
* El optimismo y la valentía de Louisa Clark (Emilia Clarke) en *Yo antes de ti.*

- En un lugar tranquilo, enciende una vela rosa. Mientras arde, visualiza a la persona que quieres enamorar y, quizá, tener a tu lado.
- Lee tu lista en voz alta.
- Sopla la vela y agradece al universo por la oportunidad de encontrar a alguien de película. ¡Manifiéstalo!

PARA QUE NUNCA ENFERMES

Como campeón zodiacal de la somatización necesitas limpiar lo que absorbes de todos a diario y, para eso, el limón será tu aliado. Arma tu *kit* de recuperación y súmale un poco de ácido a tanta dulzura.

- Toma tu agüita de limón por las mañanas. Eso alcalinizará tu cuerpo, te dará energía para arrancar el día —acéptalo, te cuesta— y será un cañón para tu sistema inmune.
- Por las tardes, después del almuerzo en la oficina, toma un té de limón. Limpiará tu hígado y ayudará en la digestión, ambos golpeados por coleccionar emociones, las tuyas y las de todos los que te rodean.
- Por las noches esparce aceite esencial de limón en todos lados. Su aroma te limpiará el sistema respiratorio y te hará pisar tierra para que te puedas ir a dormir.

OBJETO DE PROTECCIÓN

Cuando repartieron la capacidad para fantasear, tú estabas el primero en la fila, Piscis. Tienes un posgrado en soñar con historias e imaginar realidades paralelas; en tu mente todo existe según un escenario A, un escenario B y un escenario C —quién sabe, puede que incluso llegues hasta el escenario Z—. Para proteger tu mente soñadora nada mejor que un atrapasueños: te ayudará a filtrar las pesadillas y los malos pensamientos, te mantendrá en paz y cuidará de que no te afecten las energías negativas.

En tu habitación, coloca un atrapasueños sobre la cabecera de tu cama o cerca de ella. También es posible colocarlo sobre ventanas, puertas, balcones o porches ya que son los lugares por donde entra la energía a la casa o la oficina.

TALISMÁN

Cambios, cambios y más cambios. Tú no te quedas quieto nunca, eres como una mariposa que simboliza la energía de la transformación constante, la metamorfosis y el renacer. Apóyate en su significado y lleva a este insecto como talismán en algún accesorio (pendientes, colgantes, anillos) o, ¿por qué no?, tatuado en la piel.

Si de colores se trata, guíate por esta lista: la mariposa multicolor funciona para la felicidad y el bienestar; la mariposa negra, para alejar las malas energías; la mariposa verde, para la unión familiar; la mariposa blanca, para la calma y estabilidad; la mariposa amarilla, para la abundancia y prosperidad; y la mariposa azul, para potenciar los nuevos comienzos.

AMULETO

Tu amuleto es el agua, porque para ti todo en la vida puede ser clasificado en dos grupos: si fluye o no fluye. No hay más. No importa si se trata de trabajo, amor, amistad, decisiones o experiencias... al instinto y las sensaciones no se les puede engañar. Vives bajo esa ley, la de guiarte por tu intuición. Por eso, cualquier objeto vinculado al agua conecta contigo y te trae buenas energías.

Canaliza las buenas sensaciones utilizando alguna joya que represente a tu elemento. Puede ser con olitas, ondas de color azul y hasta peces. En casa, para que fluyan la abundancia y las energías positivas, puedes colocar una fuente de agua en la entrada; eso sí, siempre debe tener el agua corriendo, *never ever* estancada.

PRUEBA

TU PRIMER ELEMENTO

A continuación, un test para saber si eres un Piscis de tomo y lomo. Una forma infalible de descubrir si estás alineado con tu signo solar. Cinco preguntas sobre tu personalidad que revelarán el verdadero pez que eres (o no):

1. ¿Cómo te llevas con los animales?

A) No me gustan demasiado, a mí dame *homo sapiens*.

B) ¡Me encantan! Me llevo mejor con ellos que con mucha gente.

C) Bueno, lo normal, no me giro cada vez que veo a uno por la calle, pero tampoco los odio.

2. ¿Cómo te vas de una fiesta?

A) Me despido de todo el mundo con besos y abrazos, me encanta dar amor.

B) Soy un fiel defensor de la bomba de humo.

C) Me despido de las personas que mejor me caen.

3. ¿La música, la literatura o el cine son importantes para ti?

A) Claro, aunque de forma anecdótica. Lo que más me gusta es quedar con mis amigos y mostrarles todo el amor que les tengo.

B) La cultura es mi principal refugio contra las obligaciones y los malos modos.

C) Ni fu ni fa, a veces me recargan de energía.

4. ¿Cómo afrontas un conflicto con alguien más fuerte y violento que tú?

A) Lo encaro —esperando que no se trate de un signo de fuego— y que sea lo que Dios quiera.

B) Me voy corriendo, no soporto los conflictos ni los ambientes cargados.

C) Intento debatir con esta persona y llegar a un acuerdo.

5. ¿Te han dicho alguna vez que tienes problemas para expresar tus emociones y comunicar tus sentimientos?

A) No, de hecho, soy yo la persona que se da cuenta de esto en los demás.

B) Mucho, suelo hacerme una bola y esconderme.

C) Alguna vez, pero es un problema que ya tengo encarrilado.

RESULTADOS

A: Eres Miss Simpatía y tienes una batería social inacabable. Eres el reflejo perfecto de Leo o de Géminis, pero no de Piscis.

B: Eres más Piscis y no naces. Eres emocional, sensible, amante de los animales y de las artes... y un búnker de las emociones. No encontraríamos un pez más pez que tú.

C: Eres una persona estable en todos los sentidos, tienes una excelente comunicación en cuanto a sentimientos se refiere y no evades el conflicto. Sencillamente, no eres Piscis.

TU SEGUNDO ELEMENTO

Es posible que hayas nacido Piscis, pero todas las variables de tu carta astral te hacen tener matices que no te cuadran con algunas descripciones de tu signo. «Ya decía yo que todo esto no es cierto, me engañaron, esto se lo inventaron...» ¡PARA! Respira. Lo que queremos decir es que es posible que tu personalidad tenga influencias de otros elementos, eso significa que no todo es blanco o negro a la hora de ser humano y esta prueba te puede ayudar a conocerte mejor, saber cuáles son esas pizcas de los otros elementos que te hacen único y también te ayudan a entender de dónde salen esas actitudes poco emocionales pero que son tan naturales en ti.

Piscis, ya sabes que navegas en un mar de emociones. Te lo dice tu elemento, pero ¿sabes cuál es el otro elemento que predomina en tu vida?

Esta prueba está diseñada para que evalúes la porción que tienes de cada elemento y puedas equilibrar lo que te gusta y lo que no te gusta; averiguar de dónde salen esas reacciones tan poco piscianas o, por el contrario, confirmar que eres agua hasta la médula. Asigna un punto por respuesta positiva. Y si no eres ni uno ni otro, pues asigna medio punto por respuesta.

	SÍ	NO	A VECES
FUEGO			
¿Vives la vida a lo grande, sin reservas, sin importar lo que pase a tu alrededor?			
¿Eres auténtico, directo, dices lo que piensas y no dejas que nadie se imponga sobre ti?			
¿Eres el líder natural de todos tus círculos por ser el que planea, motiva y, a veces, manda hasta sin darse cuenta?			
Si alguien te cuestiona, ¿haces todo lo posible para demostrar quién es el que manda?			
¿Es inevitable para ti pensar que tu felicidad es lo más importante del «mundo mundial» y todo lo que se interponga entre tu felicidad y tú debe ser eliminado?			
Cuando hablas, ¿tienes un impulso descontrolado y dices todo lo que se te pasa por la cabeza sin pensar en las consecuencias?			
TIERRA			
¿Tus acciones son gobernadas por la lógica y no permites que los sentimientos interfieran en tus decisiones?			
¿Tienes síndrome del árbol? (Quieres sentarte en la misma silla, ordenar las cosas de igual manera en todos tus asuntos, es difícil pensar en una mudanza o en cambios drásticos repentinos.)			

	SÍ	NO	A VECES
¿Te gusta más tener un recuerdo físico y palpable que una loca experiencia?			
¿Eres apegado a tus pertenencias y podrías dedicarte a ser un coleccionista profesional?			
¿La disciplina es una característica fundamental para tener éxito en cualquier aspecto de la vida? (Hasta para la diversión creas reglas.)			
¿Podrías anteponer tu bienestar laboral a tu vida personal o tus gustos?			
AGUA			
¿Tus sentimientos mandan en tu vida? (Mejor dicho, ¿eres *drama queen?)*			
¿Piensas que nadie puede entender lo profundo de tus sentimientos?, ¿que los demás no sienten igual?			
¿Te es más fácil llorar que anudarte los cordones?			
Y aun con lágrimas en los ojos, ¿sientes que puedes con todo y que nada puede destruirte?			
A la hora del amor, ¿eres un romántico empedernido y tu pareja se convierte en el centro de tu vida?			
¿La palabra *infidelidad* te suena rarísima y no sabes ni siquiera cómo alguien puede pensar en otra persona que no sea su pareja?			

	SÍ	NO	A VECES
AIRE			
¿Tu gran pasión está en cómo puedes decir o entender todo lo que pasa a tu alrededor?			
¿Eres el alma de la fiesta y respiras vida social?			
¿Calculas todo, piensas demasiado y, muchas veces, esos pensamientos no llegan a concretarse?			
¿Puedes sostener una conversación de lo que sea, con quien sea, sin ningún tipo de problema?			
¿Solamente pensar en que vas a estar en el mismo lugar durante mucho tiempo te pone la piel de gallina y sientes horror?			
Cuando hablas con personas, ¿a menudo te dicen que se sienten comprendidas?			

¿Cuál fue tu mayor puntuación? Suma los puntos y descubre tu resultado en las siguientes páginas.

RESULTADOS

Mayoría de fuego

Nos vas a perdonar, pero no sabemos cómo lo haces para estar vivo en medio de estos dos elementos. Por un lado, ruges y calientas todo y a todos, y un segundo más tarde estás sonándote los mocos por la belleza de las mariposas volando. Por un lado, tienes el instinto —fuego— arrebatado y luego, sin importar lo que pase, vuelves a tu esencia, a sentirlo todo con mucha intensidad: el amor, la alegría, el odio, la frustración. Tus reacciones pueden ser en extremo dramáticas cuando se trata de los sentimientos. En la cama, tienes la lujuria potente de Escorpio, que de agua mansa pasa a ser ese huracán rugiente que deja sin aliento y liberado de energía.

Los signos de fuego son: Aries, Leo y Sagitario.

Mayoría de tierra

Qué bien que tengas un poco de tierra, porque andar dejándote llevar por la marea toda la vida puede ser sinónimo de inestabilidad y ya sabemos que para sentir un millón de emociones distintas y darles mil vueltas eres el número uno. Tu carácter es fuerte y sólido, algunos dirían que terco y obstinado. A ti no se te olvidan tan rápido los problemas; puede que no hagas un escándalo, pero todo queda anotado en tu libreta. El sentido de propiedad privada trasciende a las personas, por lo que eres propenso a los celos.

Los signos de tierra son: Tauro, Virgo y Capricornio.

Mayoría de agua

Vas por la vida dejando fluir tu personalidad. Y es que si al agua le das un centímetro, se cuela por cualquier recoveco. Pero, que no se confundan, no es que seas moldeable ni voluble, es que eres adaptativo. Las emociones manejan la PlayStation de tu vida, no importa si es para arriba con la alegría o el amor o para abajo con la frustración y la tristeza. Todo lo sentirás con mucha intensidad y siempre haces lo que te dice el corazón —o la falta de él, si lo que toca es odiar—. Tus reacciones pueden ser en extremo dramáticas cuando se trata de los sentimientos, pero siempre vuelves a tu centro transparente, resistente y leal.

Los signos de agua son: Cáncer, Escorpio y Piscis.

Mayoría de aire

Eres un huracán de aire y agua que lo revuelve todo: un día quieres aprender a tejer, otro día quieres salvar a las abejas y al otro aprender a mezclar como DJ. Probar, experimentar y elegir todas las posibilidades es lo que te llama. Eso sí, tener tantas cosas en la cabeza al mismo tiempo hace que andes por las nubess y te cueste concentrarte o incluso concretar una sola. No toleras el aburrimiento, necesitas espacio y aire para no ahogarte; y es que la vida es una sola y no da para aburrirse por nada ni nadie.

Los signos de aire son: Géminis, Libra y Acuario.

Querido Piscis, después de todo lo que hemos dicho en este libro, de cómo hemos descrito y desvelado los más íntimos secretos de tu personalidad (eso que ni a ti te gusta admitir o que no habías notado de manera consciente), creemos que este test te ha enseñado que no debes ser tan inflexible con los extremos, sino que hay una enorme escala de grises en el medio. Las variables de tu carta astral, que aquí te hemos mostrado, harán que cada vez te conozcas más y que estés preparado para todo en esta vida.

Ya que has sobrevivido a esta cantidad desproporcionada de verdades sin adornos, piensa en este libro como un manual de consulta al que puedes volver cada que se te olvide lo sentimental, disperso, fantasioso, indeciso, perfeccionista y bondadoso que eres. Si estás en la onda del zodiaco, seguro que te gustará conocer más de tu ascendente, tu Luna y cómo entender los pedazos que no te cuadran del todo. Si es así no dudes en consultar los otros signos para acabar de soportarte a ti mismo.

GLOSARIO

Planeta regente, Mercurio retrógrado, signo ascendente... Respira hondo y no te desesperes. Hemos preparado un glosario para que entiendas mejor los términos.

Signo solar

El que le preguntas a tu *crush* y que siempre consultas en el horóscopo. Se define teniendo en cuenta en qué constelación se encontraba el Sol en el día y mes en que naciste.

Carta astral

Es la «foto» de cómo estaba el cielo aquel preciso instante en el que naciste. Con ella conocerás la posición exacta de los planetas: tu signo solar, tu ascendente y descendente, así como características únicas.

Signo ascendente

Representa la forma en la que te acercas a la vida y cómo te perciben los demás. Se define teniendo en cuenta qué signo asomaba por el horizonte al momento de nacer. Para saber cuál es el tuyo necesitas tu carta astral.

Signo descendente

Tu signo descendente —al ser el opuesto a tu ascendente— representa a tu posible compañero de vida. Calcúlalo de forma fácil: están a seis signos de distancia uno del otro. Conocerlo te ayudará a entender mejor a tu pareja y lo que buscas o encontrarás en ella.

Mercurio retrógrado

Este fenómeno se da cuando este planeta pareciera quedarse quieto e ir en retroceso, en «retrogradación». Y como Mercurio es el responsable de la comunicación, los malentendidos y desacuerdos están a la orden.

Planeta regente

Cada signo del zodiaco vibra de forma particular con un planeta del sistema solar o sus astros, y esa afinidad energética es la que define el planeta correspondiente a tu signo.

Elementos

La tierra, el fuego, el aire y el agua son los cuatro elementos de la astrología, y cada signo del zodiaco está relacionado con uno de ellos. Los signos de tierra son cuadrados y confiables. Los de fuego son pura chispa y energía. Los signos de aire son visionarios y rápidos de pensamiento; y los de agua destacan por su intuición y sensibilidad.